Markus Groß

Kryptographie - Verschlüsselungstechniken

Praktische Informatik

GRIN Verlag

Bibliografische Information der Deutschen Nationalbibliothek:

Die Deutsche Bibliothek verzeichnet diese Publikation in der Deutschen National-bibliografie; detaillierte bibliografische Daten sind im Internet über http://dnb.d-nb.de/ abrufbar.

Impressum:

Copyright © 2009 GRIN Verlag GmbH
Druck und Bindung: Books on Demand GmbH, Norderstedt Germany
ISBN: 978-3-640-80469-6

Dieses Buch bei GRIN:

http://www.grin.com/de/e-book/164284/kryptographie-verschluesselungstechniken

GRIN - Your knowledge has value

Der GRIN Verlag publiziert seit 1998 wissenschaftliche Arbeiten von Studenten, Hochschullehrern und anderen Akademikern als eBook und gedrucktes Buch. Die Verlagswebsite www.grin.com ist die ideale Plattform zur Veröffentlichung von Hausarbeiten, Abschlussarbeiten, wissenschaftlichen Aufsätzen, Dissertationen und Fachbüchern.

Besuchen Sie uns im Internet:

http://www.grin.com/

http://www.facebook.com/grincom

http://www.twitter.com/grin_com

FHDW - FACHHOCHSCHULE DER WIRTSCHAFT
BERGISCH GLADBACH
B.SC. INFORMATION SCIENCE FOR BUSINESS

HAUSARBEIT

VON
MARKUS GROSS

Praktische Informatik
KRYPTOGRAPHIE
(Verschlüsselung)

ABGABEFRIST: 07. NOVEMBER 2008

Inhaltsverzeichnis

Abbildungsverzeichnis

Tabellenverzeichnis

Abkürzungsverzeichnis

anschl. . . . . anschliessend

Aufl. . . . . Auflage

bzw. . . . . beziehungsweise

ca. . . . . circa

d.h. . . . . das heisst

etc. . . . . et cetera

evtl. . . . . eventuell

f. . . . . folgende

ff. . . . . fortfolgende

ggT . . . . größter gemeinsamer Teiler

i.d.R. . . . . in der Regel

mind. . . . . mindestens

RSA . . . . Rivest, Shamir, Adleman Verschlüsselungsverfahren

u.a. . . . . unter anderem

usw. . . . . und so weiter

vgl. . . . . vergleiche

z.B. . . . . zum Beispiel

1 Einführung

Seit Menschen Nachrichten übermitteln, sei es durch (schriftliche) Zeichen, durch Gesten oder verbale Kommunikation, gibt es Versuche den Inhalt der Nachricht vor anderen geheim zu halten.

Verschlüsselung nennt man den Vorgang, bei dem ein Klartext mit Hilfe eines Verschlüsselungsverfahrens (Algorithmus) in einen Geheimtext oder Chiffretext umgewandelt wird. Dabei benutzen Verschlüsselungsverfahren einen oder mehrere Schlüssel. Den umgekehrten Vorgang, also die Verwandlung des Geheimtextes zurück in den Klartext, nennt man Entschlüsselung.

Kryptologie (Verschlüsselung) spielt in der Zeit des Internets, der elektronischen Kommunikation und des elektronischen Geschäftsverkehrs eine besondere Rolle. Moderne Kryptosysteme sorgen dafür, dass der elektronische Datenverkehr zuverlässig und vertrauenswürdig abgewickelt werden kann. Der elektronische Datenverkehr beinhaltet nicht nur Internetkommunikation. Dazu gehört eine Vielfalt anderer Kommunikationswege wie Telefon, Fax oder Funknetze, die durch entsprechende Maßnahmen gegen Belauschen und gegen andere Angriffe geschützt werden müssen.

Kryptographische Systeme erfüllen strategische Aufgaben bei Firmen, Konzernen und Finanzinstitutionen, die ihren Datenverkehr vor der Wirtschaftsspionage schützen wollen und deren Konkurrenzfähigkeit und Existenz von der Wirksamkeit der eingesetzten kryptographischen Maßnahmen abhängt.

Außer der Unterstützung der vertraulichen Datenübertragung über unsichere Kommunikationswege wird Kryptologie in zahlreichen anderen Bereichen angewendet. Die Sicherung der Chipkartensystemen vor dem Missbrauch oder der urheberrechtliche Schutz verschiedener elektronischer Medien vor illegalem Kopieren sind nur einige weitere Beispiele.

In der folgenden Ausarbeitung werde ausgewählte kryptographische Verfahren und die zugrundeliegenden wissenschaftlichen Verfahren dargestellt.

2 Grundlagen

2.1 Problemstellung

Das Problem der geheimen Nachrichtenübermittlung stellt sich allgemein folgendermaßen dar: Bob und Alice wollen untereinander Informationen austauschen, ohne dass die böse Eva etwas erfährt. Die verwendeten Namen sind die in der Literatur gebräuchlichen, Alice und Bob stehen einfach für „A" und „B", Eva/Eve steht mit dem englischen „eavesdrop" (=lauschen) in Zusammenhang[1].

Im folgenden werden diese Namen verwendet um die Problemstellung bei der verschlüsselten Kommunikation darzustellen.

2.2 Lösungsansätze

2.2.1 Triviale Lösung

Obwohl - oder gerade weil - das Problem so einfach zu umschreiben ist, ist seine Lösung alles andere als einfach. Dennoch existiert eine „echte Lösung", sie ist gewissermaßen trivial in der Form, dass es sich nicht um eine wirkliche Lösung handelt. Sie lautet[2]:

Nicht kommunizieren !

Hierbei umgeht man zwar die eigentliche Aufgabenstellung. Dort soll ja eigentlich Information ausgetauscht werden. Nichtsdestotrotz sollte man immer beherzigen, dass jede Kommunikation dem Feind immer Angriffsmöglichkeiten bietet. Daher gibt es verschiedene Versuche die Kommunikation für Angreifer unerkennbar bzw. unentschlüsselbar zu machen[3].

---

[1] [5] vgl. Karbach (2004), S. 3
[2] [5] vgl. Karbach (2004), S. 4
[3] [2] vgl. Beutelsprachler (1994), S. 27

2.2.2 Steganographie

Nachrichten vor unerwünschter Kenntnisnahme zu schützen, ist nicht ausschließlich durch Verschlüsselung möglich: Eine weitere Methode besteht darin, die Nachricht bei der Übertragung so zu tarnen, dass sie von Dritten gar nicht bemerkt wird (Steganographie)[4].

Solche Techniken lassen sich effizient bei modernen Kommunikationsmedien einsetzen, z.B. bei einer Videokonferenz. Durch effektive Steganographie wird es Dritten unmöglich, vertrauliche Nachrichten zu finden. Die zu schützende Nachricht wird vom Sender in einer anderen, längeren harmlosen Nachricht Cover (z.B. JPG-Bild oder Videodatenstrom) geeignet versteckt. Versteckt werden die Nachrichten durch das marginale verändern einzelner Bildpunkte in einer Grafikdatei nach einem speziellen Schlüssel. Diese Veränderung der Farbwerte ist so gering, dass Sie durch das menschliche Auge nicht wahrgenommen werden können[5].

Steganographie ist an Sich keine Verschlüsselungstechnik, jedoch können Verschlüsselte Nachrichten über steganographische Verfahren zusätzliche versteckt und somit der Wirkungsgrad der Verschlüsseldung erhöht werden[6].

2.2.3 Kryptographie

Kryptologie ist die Wissenschaft von der Entwicklung von Kryptosystemen (aus dem Griechischen: kryptos = geheim). Kryptologie kann in zwei weitere Gebiete unterteilt werden: Kryptographie und Kryptanalyse.

Kryptographie beschäftigt sich mit der Entwicklung von Verschlüsselungssystemen. Das Ziel der Kryptanalyse dagegen ist die Kompromittierung von existierenden Kryptosystemen, d.h. die Wiedergewinnung der chiffrierten Informationen ohne Kenntnis des Schlüssels bzw. die Rekonstruktion des Schlüssels selbst[7].

Im folgenden geht es nur um das Gebiet der Kryptographie. Grundlage jeder Kryptographie ist die Transposition und die Substitution.

---

[4] [1] vgl. Bauer (2007), S. 34
[5] [9] vgl. Hansen/Neumann (2005), S. 295
[6] [7] vgl. Schumacher (2007), S. 28
[7] [10] vgl. Stahlknecht/Hasenkamp (2005), S. 493

Transposition

Bei einem Transpositions-Algorithmus bleiben die Buchstaben was sie sind, aber nicht wo sie sind. Ein Beispiel für solch einen Algorithmus ist die Skytale von Sparta, die vor ungefähr 2500 v. Chr. benutzt worden sein soll[8].

Der Sender wickelte ein schmales Band aus Pergament spiralförmig um die Skytale (ein Zylinder mit einem bestimmten Radius, der auch gleichzeitig der Schlüssel ist) und schrieb dann der Länge nach seine Nachricht auf das Band. Diese Nachricht wurde dann abgewickelt und an den Empfänger geschickt. Hatte dieser eine Skytale mit demselben Radius, konnte er die Nachricht lesen. Ein Beispiel[9]:

H A L L O L E U T E W I E G E H T E S E U C H

Dieser Text wird mit einer Skytale des Umfangs U = 5 kodiert, indem der Text in 5 Spalten aufgeteilt wird:

H A L L O
L E U T E
W I E G E
H T E S E
U C H

Das Ergebnis ergibt sich, indem man jede Spalte dieses Textes von oben nach unten liest und alles hintereinander aufschreibt:

H L W H U A E I T C L U E E H L T G S O E E E

Diese Art der Transposition wird auch Spaltentransposition oder Permutation genannt. Transposition alleine ist nicht sicher, sie wird jedoch zusammen mit der Substitution in modernen Computer-Algorithmen verwendet[10].

Substitution

Bei der Substitutionschiffre werden die einzelnen Klartextbuchstaben durch bestimmte Geheimtextbuchstaben ersetzt (Substitution), z.B. 'a' durch 'Q', 'b' durch 'W' usw.[11]:

---

[8][1] vgl. Bauer (1994), S. 35
[9][11] vgl. Walczak (2003), S. 15
[10][5] vgl. Karbach (2004), S. 11
[11][1] vgl. Bauer (1994), S. 37

Klartext: a b c d e f g h i j k l m n o p q r s t u v w x y z
Geheimtext: Q W E R T Y U I O P A S D F G H J K L Z X C V B N M

Der einfachste Fall einer Substitutionschiffre ist die Verschiebechiffre. Die Verschiebechiffre wird auch als einfache Substitution bezeichnet. Bei der Verschlüsselung ersetzt man jeden Klartextbuchstaben durch einen anderen, der im Alphabet um eine bestimmte Anzahl von Stellen weiter steht[12].

2.2.4 Symmetrische vs. Asymmetrische Verschlüsselung

Bei symmetrischer Verschlüsselung verwenden der Sender und der Empfänger den gleichen Schlüssel, den sie vor Beginn der eigentlichen Kommunikation ausgetauscht haben. Wenn Sender und Empfänger zwar über unterschiedliche Schlüssel verfügen, diese aber in einer einfachen funktionalen Beziehung stehen, dann spricht man ebenfalls von einem symmetrischen Kryptosystem. Der Sender benutzt den geheimen Schlüssel, um die Nachricht zu verschlüsseln, und der Empfänger, um diese zu entschlüsseln[13].

In einem asymmetrischen Verschlüsselungssystem verwenden der Sender und der Empfänger zwei unterschiedliche Schlüssel, einen zum Verschlüsseln, den anderen zum Entschlüsseln einer Nachricht. Mit einem öffentlichen Schlüssel werden Daten verschlüsselt, und mit dem zugehörigen privaten oder geheimen Schlüssel werden Daten entschlüsselt. Der öffentliche Schlüssel ist allen bekannt, der private Schlüssel dagegen bleibt geheim. Rein rechnerisch ist es unmöglich, den privaten Schlüssel aus dem öffentlichen Schlüssel abzuleiten. Jeder mit einem öffentlichen Schlüssel kann Daten zwar verschlüsseln, aber nicht entschlüsseln. Nur die Person mit dem entsprechenden privaten Schlüssel kann die Daten entschlüsseln[14].

---

[12][11] vgl. Walczak (2003), S. 16
[13][9] vgl. Hansen/Neumann (2005), S. 292
[14][9] vgl. Hansen/Neumann (2005), S. 293

3 Symmetrische Verschlüsselung

3.1 Monoalphabetische Verschlüsselung

3.1.1 Kryptographie in vorchristlicher Zeit

Die ersten Ansätze von Geheimbotschaften sind aus den Hochkulturen von Ägypten, Indien und Mesopotanien bekannt. Eine Variante war, dass man den Sklaven die Schädel kahl rasierte, ihnen die Geheimbotschaft auf den Kopf tätowierte und, nachdem das Haar nachgewachsen war, zum Empfänger schickte. Eine weitere Variante war, dass man Nachrichten in Holzplatten schrieb und anschliessend die Holzplatten mit Wachs überzog[15].

Diese Art der Nachrichtenversendung arbeitete noch ohne Verschlüsselung der Daten. Die Daten wurden einfach „nicht erkennbar" verschickt. Veränderungen von Texten fand man aber bereits in alt-testamentarischen Schriften. In den Büchern Jeremiah wurde das Wort „Babel" an mehreren Stellen durch den Ausdruck „Sheshech" ersetzt, welcher sich auch einer speziellen Substitution namens „Atbash" ergibt. Im Atbash werden der erste und der letzte Buchstabe des Alphabets, usw. vertauscht[16].

Aus der Zeit um 475 v. Chr. ist das erste militärisch genutzte System bekannt. Dabei wurden die Nachrichten auf einen Papyrusstreifen geschrieben, welcher um einen Holzstab mit einem bestimmten Durchmesser grollt wurde. Diese Nachricht bestand anschliessend aus einer Reihe von Buchstaben, welche erst einen Sinn ergaben, wenn der Empfänger den Papyrusstreifen um einen Holzstab mit demselben Durchmesser aufwickelte[17].

---

[15][7] vgl. Schumacher (2007), S. 5
[16]hebräische Geheimschrift, um 600 v. Chr. in Palästina
[17][7] vgl. Schumacher (2007), S. 6

3.1.2 Caesar Chiffre

Eines der einfachsten Verschlüsselungsverfahren geht auf Caesar [18] zurück und wird deshalb auch Caesar-Chiffre genannt. Dem Historiker Sueton zufolge benutzte Caesar dieses Substitutionsverfahren, um von seinen Feldzügen Briefe an Freunde in Rom zu senden[19].

Um einen Text mit Hilfe der Caesar-Chiffre zu verschlüsseln, wird die Groß- und Kleinschreibung, Umlaute sowie Satz- und andere Sonderzeichen ignoriert. Damit verbleiben die 26 Buchstaben „A, B , C, . . . , X, Y, Z". In der Caesar-Chiffre wird nun als der geheime Schlüssel eine Zahl k zwischen 0 und 25 gewählt. Die Verschlüsselung erfolgt, indem jeden Buchstaben des Alphabets durch den im Alphabet k Positionen weiter rechts stehenden Buchstaben ersetzen. Sofern man durch die Verschiebung über das Alphabet hinauskommt („Z"), wird wieder beim ersten Buchstaben „A" angefangen.

Klartext: A B C D E ...

Schlüssel: 3

Chiffrat: D E F G H ...

Tabelle 1: Caesar Chiffre

Diese Art der Chiffrierung ist sehr einfach zu entschlüsseln. Sie wird erst schwieriger, wenn man jede Permutation des Alphabets für die Geheimschrift zulässt. Aber auch diese kann man, wenn man die Häufigkeit berechnet, entschlüsseln.

3.2 Polyalphabetische Verschlüsselung

3.2.1 Vigenère Verschlüsselung

Der nächste Schritt in der Verschlüsselung ist das Verwenden mehrerer monoalphabetischer Ersetzungen nach einem gewissen Schlüssel[20].

Als berühmtester Kryplologe des 16 Jahrhunderts gilt Blaise de Vigenère. Er arbeitete vor allem im Bereich der polyalphabetischen Verschlüsselung. Während seiner Arbeit verfasste er das Werk „Traicté des chiffres" und entwickelt die Vigenère

[18]Julius Caesar (100- 44 v.Chr.)
[19][7] vgl. Schumacher (2007), S. 3
[20][5] vgl. Karbach (2004), S. 37

Verschlüsselung, welche auf der Vigenère Tabelle und dem Vigenère Algorithmus beruht[21].

	A	B	C	D	E	F	G	H	I	J	K	L	M	N	O	P	Q	R	S	T	U	V	W	X	Y	Z
1	A	B	C	D	E	F	G	H	I	J	K	L	M	N	O	P	Q	R	S	T	U	V	W	X	Y	Z
2	B	C	D	E	F	G	H	I	J	K	L	M	N	O	P	Q	R	S	T	U	V	W	X	Y	Z	A
3	C	D	E	F	G	H	I	J	K	L	M	N	O	P	Q	R	S	T	U	V	W	X	Y	Z	A	B
4	D	E	F	G	H	I	J	K	L	M	N	O	P	Q	R	S	T	U	V	W	X	Y	Z	A	B	C
5	E	F	G	H	I	J	K	L	M	N	O	P	Q	R	S	T	U	V	W	X	Y	Z	A	B	C	D
6	F	G	H	I	J	K	L	M	N	O	P	Q	R	S	T	U	V	W	X	Y	Z	A	B	C	D	E
7	G	H	I	J	K	L	M	N	O	P	Q	R	S	T	U	V	W	X	Y	Z	A	B	C	D	E	F
8	H	I	J	K	L	M	N	O	P	Q	R	S	T	U	V	W	X	Y	Z	A	B	C	D	E	F	G
9	I	J	K	L	M	N	O	P	Q	R	S	T	U	V	W	X	Y	Z	A	B	C	D	E	F	G	H
10	J	K	L	M	N	O	P	Q	R	S	T	U	V	W	X	Y	Z	A	B	C	D	E	F	G	H	I
11	K	L	M	N	O	P	Q	R	S	T	U	V	W	X	Y	Z	A	B	C	D	E	F	G	H	I	J
12	L	M	N	O	P	Q	R	S	T	U	V	W	X	Y	Z	A	B	C	D	E	F	G	H	I	J	K
13	M	N	O	P	Q	R	S	T	U	V	W	X	Y	Z	A	B	C	D	E	F	G	H	I	J	K	L
14	N	O	P	Q	R	S	T	U	V	W	X	Y	Z	A	B	C	D	E	F	G	H	I	J	K	L	M
15	O	P	Q	R	S	T	U	V	W	X	Y	Z	A	B	C	D	E	F	G	H	I	J	K	L	M	N
16	P	Q	R	S	T	U	V	W	X	Y	Z	A	B	C	D	E	F	G	H	I	J	K	L	M	N	O
17	Q	R	S	T	U	V	W	X	Y	Z	A	B	C	D	E	F	G	H	I	J	K	L	M	N	O	P
18	R	S	T	U	V	W	X	Y	Z	A	B	C	D	E	F	G	H	I	J	K	L	M	N	O	P	Q
19	S	T	U	V	W	X	Y	Z	A	B	C	D	E	F	G	H	I	J	K	L	M	N	O	P	Q	R
20	T	U	V	W	X	Y	Z	A	B	C	D	E	F	G	H	I	J	K	L	M	N	O	P	Q	R	S
21	U	V	W	X	Y	Z	A	B	C	D	E	F	G	H	I	J	K	L	M	N	O	P	Q	R	S	T
22	V	W	X	Y	Z	A	B	C	D	E	F	G	H	I	J	K	L	M	N	O	P	Q	R	S	T	U
23	W	X	Y	Z	A	B	C	D	E	F	G	H	I	J	K	L	M	N	O	P	Q	R	S	T	U	V
24	X	Y	Z	A	B	C	D	E	F	G	H	I	J	K	L	M	N	O	P	Q	R	S	T	U	V	W
25	Y	Z	A	B	C	D	E	F	G	H	I	J	K	L	M	N	O	P	Q	R	S	T	U	V	W	X
26	Z	A	B	C	D	E	F	G	H	I	J	K	L	M	N	O	P	Q	R	S	T	U	V	W	X	Y

Tabelle 2: Vigenère Verschlüsselung

Der Schlüssel mußte genauso lang sein, wie der zu verschlüsselnde Klartext. Dazu nahm man das Schlüsselwort und schrieb es so oft hintereinander, bis es die gewünschte Länge hat. Damit war der Schlüssel fertig. Danach nahm man sich den Buchstaben aus dem Klartext und schaute in der Vigenere Tabelle, mit welchem Buchstaben dieser ersetzt werden mußte. Der Klartextbuchstabe gab die Zeile an und der zugehörige Buchstabe aus dem Schlüssel gibt die Spalte an. Den Buchstaben der an der Stelle in der Tabelle steht, ist das verschlüsselte Zeichen, den man dann aufschreibt[22].

Als Beispiel wird als Codewort: KEITER verwendet, d.h. wir benutzen sukzessive die Zeilen mit Benennungen K,E,I. . . . Das Wort das verschlüsselt werden soll, laute „quantentheorie“.

Q U A N T E N T H E O R I E

K E I T E R K E I T E R K E

F P R T O M C O Y K J Z X Z

Tabelle 3: Beispiel Vigenère Algorithmus

Dieses Verfahren war zwar für diese Zeit sehr sicher, doch es wurde kaum von jemandem benutzt, da es viele als zu kompliziert ansahen. Des Weiteren kann bei diesem System ein kleiner Fehler bei der „Übertragung“ die ganze Nachricht unbrauchbar machen. Viele Botschafter hatten auch Angst, daß der Empfänger die

---

[21][7] vgl. Schumacher (2007), S. 8
[22][5] vgl. Karbach (2004), S. 44

Nachricht nicht entschlüsseln kann, wenn sie einen zu komplizierten Algorithmus verwenden. Aus diesem Grund wurde die Vigenere Verschlüsselung erst viel später berühmt[23].

3.2.2 Playfair Cipher

Im 18. und 19. Jahrundert wurde eine weitere polyalphabetische Verschlüsselung entwickelt, der sogenante „Playfair Cipher"[24]. Bei diesem Verfahren wird eine 5 x 5 Matrix verwendet, welche mit den Buchstaben des Alphabets ausgefüllt wird (die Buchstaben „I" und „J" werden hierbei zusammengefasst)[25].

Schlüsselwort: **RUP**				
R	U	P	A	B
C	D	E	F	G
H	I/J	K	L	M
N	O	Q	S	T
V	W	X	Y	Z

Tabelle 4: Playfair Chiper Aufbau

Bevor man jedoch die Matrix ausfüllt, wird ein Schlüsselwort (z.B. RUP) eingetragen. Anschließend füllt man die leerstehenden Felder mit dem Alphabet aus. Nun kann man mit dem Verschlüsseln des Klartextes beginnen.

1. Man betrachtet immer zwei Buchstaben des Klartextes.
   - Klartext: MEINKLEINERHUNDLAUSTSICH

2. Das Buchstabenpaar befindet sich in verschiedenen Zeilen und Spalten:
   - Zeilenindizes bleiben gleich, Spaltenindizes werden vertauscht:

Schlüsselwort: **RUP**					
R	U	P	A	B	Z1
C	D	*E*	F	*G*	Z2
H	I/J	*K*	L	*M*	Z3
N	O	Q	S	T	Z4
V	W	X	Y	Z	Z5
S1	S2	S3	S4	S5	

Tabelle 5: Playfair Verschlüsselung

M(Z3,S5) E(Z2,S3) wird *K(Z3,S5) G(Z2,S5)*

---

[23][1] vgl. Bauer (2007), S. 51
[24]Lord Lyon Playfair (1845)
[25][12] vgl. Wobst (1998), S. 52

3. Das Buchstabenpaar befindet sich in der selben Zeile:
- Die Spaltenindizes werden um eins erhöht.

Schlüsselwort: **RUP**					
R	U	P	A	B	Z1
	D	E	F	G	Z2
H	I/J	**K**	**L**	M	Z3
N	O	**Q**	**S**	T	Z4
V	W	X	Y	Z	Z5
S1	S2	S3	S4	S5	

Tabelle 6: Playfair Erhöhung Spaltenindizes

KL wird **QS**

4. Das Buchstabenpaar befindet sich in der selben Spalte:
- Die Zeilenindizes werden um eins erhöht

Schlüsselwort: **RUP**					
R	U	P	**A**	B	Z1
	D	E	**F**	G	Z2
H	I/J	K	**L**	M	Z3
N	O	Q	**S**	T	Z4
V	W	X	Y	Z	Z5
S1	S2	S3	S4	S5	

Tabelle 7: Playfair Erhöhung Zeilenindizes

LA wird **SF**

3.3 One Time Pad

Das One Time Pad (Einmalblock) ist an sich keine Verschlüsselung, es stellt nur ein Verfahren der Verschlüsselung dar, und kann zum Beispiel auf die Vigenère Verschlüsselung angewandt werden[26].

Dieses Verfahren verlangt einen Schlüssel, der rein zufällig erstellt und genauso lang wie der Klartext ist, den man verschlüsseln will. Außerdem darf, wie der Name „One Time Pad" schon erahnen lässt, jeder Schlüssel nur einmal verwendet werden. Werden diese Voraussetzungen eingehalten, ist die Verschlüsselung absolut sicher.

Dadurch, dass jeder Schlüssel nur einmal verwendet werden darf und so lang wie die Nachricht selbst sein muss, ist es erforderlich, ständig lange Schlüssel über einen

---

[26][5] vgl. Karbach (2004), S. 23

sicheren Kanal an den Empfänger zu übergeben. Diese können nicht verschlüsselt übertragen werden, denn auf diese Weise würde das Problem des Verschlüsselns nur verlagert werden. Daher wurden die langen Schlüssel in der Vergangenheit transportiert und abgeliefert, z.b. von Diplomaten zwischen den Vereinigten Staaten und der Sowjetunion im kalten Krieg. Das One Time Pad wurde wegen der geringen Praxistauglichkeit jedoch nur bei wichtigen Anlässen eingesetzt. Für zivile Zwecke wurde nach einfacheren Methoden gesucht[27].

3.4 Automatische Chiffrier Geräte

Da die immer komplexer werdenden symmetrischen Verschlüsselungen sehr fehler-anfällig waren - ein kleiner Fehler in der Übermittlung des Schlüssels führt zur Un-brauchbarkeit des Klartextes - wurden die Algorithmen zunehmend in mechanischen und elektromechanischen Maschinen umgesetzt[28].

3.4.1 Zylinder Chiffriergeräte

Der Chiffrierzylinder besteht aus verschiedenen Scheiben, auf welchen aussen je ein permutiertes Alphabet eingestanzt ist. Dabei spielt die Reihenfolge der Buchstaben keine Rolle. Diese Scheiben, welche sich unabhängig von einander bewegen lassen, werden anschliessend zu einem Zylinder zusammengebaut. Verschlüsselt wird, indem man den Klartext in einer Zeile des Zylinders einstellt und den Geheimtextblock in einer anderen Zeile abliest. Die Zylinderchiffrierung weist als Vorteile den grossen Schlüsselraum, die einfache Bedienung, geringe Fehleranfälligkeit gegenüber manuel-ler Verfahren und unabhängige Alphabete auf. Es bestanden jedoch auch Nachteile in Form, dass die Alphabete geheim gehalten werden mussten, dass die Verwen-dung verschiedener Matrizen sehr begrenzt und aufwändig ist und die Mustersuche möglich war (siehe Abbildung 1[29]).

3.4.2 Rotormaschinen

Der technisch komplexere Nachfolger der Chiffrierzylinder waren die Rotormaschi-nen. Diese wurden in den 20er Jahren des 20 Jahrhunderts entwickelt[30].

---

[27][7] vgl. Schumacher (2007), S. 16
[28][7] vgl. Schumacher (2007), S. 19
[29][4] vgl. Gerhardt (2003), S. 14
[30][7] vgl. Schumacher (2007), S. 10

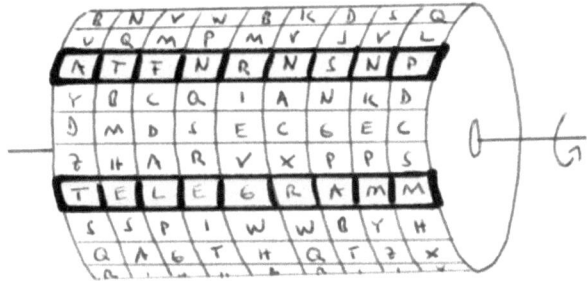

Abbildung 1: Chiffrierzylinder

Wie es der Name schon sagt, besteht die Rotormaschine aus verschiedenen Rotoren. Diese Rotoren sind dicke, elektronisch isolierte Scheiben, auf welchen Schleifkontakte angebracht sind. Das Prinzip der Verschlüsselung arbeitet mit einer mehrfachen Substitution. Auf den gegenüberliegenden Scheiben sind je 26 Schleifkontakte angebracht. Jeder dieser Kontakte entspricht einem Buchstaben des Alphabets. Diese Kontakte sind nun untereinander (ein Kontakt rechts mit einem Kontakt links) unabhängig verbunden. Durch diese unregelmassigen Verbindungen erhält man eine einfache Substitution. Um die Kryptoanalyse zu erschweren kann man, statt nur einer Scheibe, mehrere Scheiben hintereinander schalten (siehe Abbildung 2[31]).

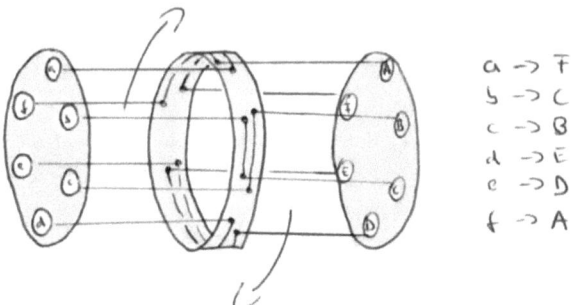

Abbildung 2: Rotormaschine

3.4.3 Enigma

Als bekanntestes Verschlüsselungsgerät gilt die Enigma bzw. genauer die Enigma II, die im zweiten Weltkrieg als die Chiffrier Wunderwaffe der Wehrmacht ihre traurige Berühmtheit erlangt. Die Enigma ist eine Rotorchiffriermaschine. Sie wurde

---

[31][4] vgl. Gerhardt (2003), S. 19

vom deutschen Elektroingenieur Arthur Scherbius zu Beginn des 20. Jarhunderts entwickelt und zum Patent angemeldet[32].

Die Enigma bestand bis 1939 aus einem Rotorenfeld mit drei Rotoren und wurde später um zwei weitere Rotoren ergänzt. Diese fünf Rotoren waren mit römischen Ziffern gekennzeichnet (I - V). Es wurden bei der Chiffrierung immer nur drei Rotoren verwendet, welche nach einem Codebuch ausgewählt wurden. Speziell bei der Enigma II war, dass sie neben den Walzen noch zusätzlich ein Steckfeld besass, welches als zusätzliches Sicherheitselement arbeitete. Auf dem Steckfeld konnten zwei Buchstaben miteinander verbunden werden. Wenn man nun den Klartext durch die Enigma schickte, wurden die nicht miteinander verbundenen Buchstaben ganz normal durch das Rotorenfeld verändert. Die Buchstaben, welche jedoch miteinander verbunden waren, wurden zuerst durch die Bedeutung des anderen Buchstabens ersetzt und erst dann durch das Rotorenfeld verändert[33].

3.5 Schwachstellen symmerische Verschlüsselung

Wie bei allen symmetrischen Verschlüsselungen ist auch hier die Schlüsselverteilung ein wesentliches Problem, denn je mehr Empfänger man mit Schlüsseln versorgen muß, desto größer ist die Gefahr, dass der Feind den Schlüssel in die Hände bekommt.

Allerdings ist das bei diesem Verfahren auch gar nicht unbedingt nötig, Eve kann den Klartext auch mit Hilfe statistischer Verfahren und/oder genauem Hinschauen knacken. Besitzt Eve genug Material, so kann sie aus der Buchstabenhäufigkeit in einer bestimmten Sprache Annahmen über die Ersetzungstabelle machen, diese einfach einsetzen und ggf. variieren. Wichtige Voraussetzung ist, dass sie über genug (verschlüsseltes) Material für eine derartige Analyse verfügt. Für die deutsche Sprache gilt die Häufigkeitstabelle (siehe Tabelle 8).

Polyalphabetische Verschlüsselungen sind zwar schwieriger zu entschlüsseln, jedoch gibt es hier erfolgreiche Lösungsmöglichkeiten. Ein Verfahren ist der Algorithmus von Babbage[34]. Babbage machte sich zu nutze, dass das Schlüsselwort der Vigenére-Verschlüsselung periodisch verwandt wird. Geht man nun davon aus, das im Text bestimmte Worte (bzw. Buchstabenkombinationen, z.B. „die") öfter vorkommen, so ist es nicht zu vermeiden, dass manche dieser Worte gleich verschlüsselt werden. Indem man im Geheimtext also nach wiederholten Buchstabenkombinationen sucht, kann man also Teile des Schlüsselworts und seiner Bedeutungen heraus-

---

[32][7] vgl. Schumacher (2007), S. 14
[33][7] vgl. Schumacher (2007), S. 16
[34]Babbage, Charles (1792 - 1871), engl. Mathematiker

Buchstabe	Häufigkeit in %	Buchstabe	Häufigkeit in %
a	6,51	n	9,78
b	1,89	o	2,51
c	3,06	p	0,79
d	5,08	q	0,02
e	17,4	r	7,00
f	1,66	s	7,27
g	3,01	t	6,15
h	4,76	u	4,35
i	7,55	v	0,67
j	0,27	w	1,89
k	1,21	x	0,03
l	3,44	y	0,04
m	2,53	z	1,13

Tabelle 8: Häufigkeitsverteilung der Buchstaben des deutschen Alphabets

bekommen. Selbstverständlich fordert auch diese Methode ein hohes Datenvolumen, denn mit wenig verschlüsselten Text ist eine derartige Analyse unmöglich.

Beim Kasiski-Friedmann-Test[35] handelt es sich um eine mathematische Formulierung der Methode von Babbage.

Hauptproblem der Symmetrischen Verschlüsselung ist die Übermittlung und die Verwaltung der Schlüssel. Beim „Playfair Chiper" gelang es immer wieder die Schlüsselwörter herauszufinden. So wurden während dem amerikanischen Bürgerkrieg oft die Worte „Manchester Bluff", „Come Retribution" und „Comlete Victory" als Schlüssel verwendet, welche von Kryptoanalytikern entdeckt und zu ihrem Vorteil genutzt wurden.

Nach den immer wieder auftauchenden Entschlüsselungen verfasste Kerckhoff [36] sein Buch „La Cryptographie Militaire" in welchem er sechs grundlegende Forderungen an ein Kryptosystem stellte:

1. Kryptotext sollte nicht dechiffrierbar sein

2. Das Kryptosystem sollte einfach anzuwenden sein

3. Der Schlüssel sollte einfach und austauschbar sein

4. Der Kryptotext sollte durch den Telegraphen versendbar sein

5. Das Verschlüsselungsmaterial sollte transportierbar sein

6. Die Chiffriermaschine sollte einfach zu gebrauchen sein

---

[35]Friedmann, William F. (1891) und Kasiski, Friedrich Wilhelm (1881)
[36]Auguste Kerckhoff (1883)

4 Asymmetrische Verschlüsselung

4.1 Mathematische Grundlagen

Die asymmetrischen Verfahren basieren grundsätzlich auf der modularen Arithmetik und auf bestimmten Ansätzen aus der Zahlentheorie. Im Folgenden sollen die notwendigen mathematischen Grundlagen dargestellt werden[37].

4.1.1 Größte gemeinsame Teiler

Ein gemeinsamer Teiler zweier ganzen Zahlen a und b ist eine natürliche Zahl N > 0, die sowohl „a" als auch „b" ohne Rest teilt. Der größte von allen gemeinsamen Teilern heißt der größte gemeinsame Teiler von „a" und „b" (kurz: ggT(a, b))[38].

Beispiel:

$$ggT(21,9) = 3$$

Der größte gemeinsame Teiler von 21 und 9 ist 3, d. h. 3 ist die größte Zahl, die sowohl 21 als auch 9 ohne Rest teilt.

Falls b = 0, dann $ggT(a,b) = |a|$.

Der ggT(a, b) wird mit Hilfe des Euklidischen[39] Algorithmus ermittelt. Der Euklidische Algorithmus geht wie folgt vor[40]:

1. Man bestimmt den Rest bei der Division von „a" durch „b":

$$\frac{a}{b} = b_1, b_1 \text{ - Rest}$$

---

[37] [11] vgl. Walczak (2003), S. 21
[38] [5] vgl. Karbach (2004), S. 18
[39] Euklid von Alexandria (365 v. Chr), griechischer Mathematiker
[40] [5] vgl. Karbach (2004), S. 19

solange der Rest ungleich 0 ist, berechnet man weiter:

$$\frac{b}{b_1} = b_2, b_2 \text{ - Rest}$$

$$\frac{b_1}{b_2} = b_3, b_3 \text{ - Rest}$$

$$\vdots$$

$$\frac{b_n - 2}{b_n - 1} = b_n, b_n \text{ - Rest}$$

2. Falls der Rest b_n gleich 0 ist, dann gilt:

$$ggT(a, b) = b_n - 1$$

Beispiel für ggT(21, 9):

$$\frac{21}{9} = 3 \text{ , der Rest} = 3 \text{ (ungleich 0)}$$

$$\frac{9}{3} = 0 \text{ , der Rest ist gleich 0!}$$

$$ggT(21, 9) = 3$$

oder entsprechend:

$$ggT(21, 9) = ggT(9, 21 \mod 9) = ggT(3, 9 \mod 3) = ggT(3, 0) = 3$$

Der Modulo Algorithmus (kurz mod) beschreibt die Berechnung des Restes bei einer Division[41].

4.1.2 Modulare Arithmetik

Modulare Arithmetik beschäftigt sich mit Rechenoperationen vom Typ[42]:

$$a \equiv b \mod n \text{ (wird gelesen: a ist gleich b modulo n)}$$

a, b - ganze Zahlen

---

[41] [5] vgl. Karbach (2004), S. 20
[42] [5] vgl. Karbach (2004), S. 27

n - natürliche Zahl

wobei a der Rest bei der Division von b durch n ist.

Beispiel für a = 17 und n = 3[43]:

$$17 \mod 3 = 2$$

Der Rest bei der Division von 17 durch 3 ist gleich 2, weil:

$$17 = 5 * 3 + 2 \text{ (5 ist der Quotient und 2 ist der Rest)}$$

Sowohl a als auch b ergeben beim Teilen durch n den gleichen Rest, d.h. a und b sind kongruent modulo n (die Gleichung heißt Kongruenz):

$$17 \mod 3 = 2 \text{ und auch } 2 \mod 3 = 2$$

Daraus folgt, dass:

$$(a - b) \mod n = 0 \text{ (man schreibt auch: n a-b)}$$

, d.h. (a-b) ist durch n ohne Rest teilbar. Eine Kongruenz wird explizit folgendermaßen notiert:

$$a \equiv b \mod n.$$

4.1.3 Modulare Inverse

Die modulare Inverse oder der Erweiterte Euklidische Algorithmus löst bei gegebenem a und Modul m die Kongruenz[44]:

$$\alpha * a \equiv 1 \mod m$$

Beispiel:

$$\alpha * 3 \equiv 1 \mod 7$$

Das bedeutet, dass der Ausdruck „α * 3" beim Teilen durch 7 den Rest 1 ergeben soll. Die Kongruenz ist nur dann lösbar, wenn ggT(a, m) = 1 , d.h. wenn a und m teilerfremd sind.

---

[43][11] vgl. Walczak (2003), S. 20
[44][5] vgl. Karbach (2004), S. 59

Man sucht die Koeffizienten und ß, so dass:

$$\alpha * a + \beta * m = 1$$

Beispiel:

$$\alpha * 3 + \beta * 7 = 1$$

$$-> \alpha = -2$$

$$-> \beta = 1$$

Die Koeffizienten α und β werden mit Hilfe des Erweiterten Euklidischen Algorithmus berechnet (der Algorithmus berechnet auch den ggT))[45].

4.1.4 Chinesische Restsatz

Der Chinesische Restsatz[46] löst simultane Kongruenzen ganzer Zahlen[47]:

$$x \equiv a_1 \mod m_1,$$

$$x \equiv a_2 \mod m_2,$$

$$\vdots$$

$$x \equiv a_n \mod m_n.$$

$a_1, \ldots, a_n$ - ganze Zahlen

$m_1, \ldots, m_n$ - natürliche Zahlen, die paarweise teilerfremd sind.

Es wird also eine ganze Zahl X gesucht, die beim Teilen durch $a_1, \cdots, a_n$ entsprechend die Reste $m_1, \cdots, m_n$ ergibt.

Der Chinesische Restsatz Algorithmus geht wie folgt vor:

1. man berechnet:

$$m = \prod_{i=1}^{n} m_i$$

2. man berechnet: $M_i = m/m_i$

3. man berechnet die Inversen y_i: $y_i M_i = 1 \mod m_i$

---

[45][3] vgl. Blömer (2006), S. 102
[46]Sun Zi (3. Jhd.) bzw. Ch'in Chiu-Shao (1247)
[47][5] vgl. Karbach (2004), S. 25

(siehe 4.1.3 Modulare Inverse)

4. man berechnet:

$$x = (\sum_{i=1}^{n} a_i y_i M_i) \mod m$$

Wenn m_i paarweise teilerfremd sind, dann gilt $ggT(m_i, M_i) = 1$ und die Lösung der Kongruenzen ist eindeutig modulo m.

Beispiel - es sollen folgende Kongruenzen simultan gelöst werden [48]:

$$x \equiv 3 \mod 4$$

$$x \equiv 2 \mod 5$$

$$x \equiv 1 \mod 3$$

Lösung:

1. $m = 4 * 5 * 3 = 60$

2. M1 $= 60/4 = 15$, M2 $= 60/5 = 12$, M3 $= 60/3 = 20$

3. $y_1 \; 15 \equiv 1 \mod 4-> (y1 = -1)$,
   $y_2 \; 12 \equiv 1 \mod 5-> (y2 = -2)$,
   $y_3 \; 20 \equiv 1 \mod 3-> (y3 = -1)$

4. $x = (3*(-1)*15+2*(-2)*12+1*(-1)*20) \mod 60 = -113 \mod 60 = 7$

4.1.5 Die Eulersche φ-Funktion

Die eulersche φ-Funktion[49]

$$\varphi(n) := \left| \{1 \leq a \leq n \mid ggT(a, n) = 1\} \right|$$

stellt die Abbildung

$$f : \mathbb{N} \mapsto \mathbb{N}, n \mapsto |\mathbb{Z}_n^*|$$

dar. Sie gibt folglich an, wieviele Zahlen $1 \leq a < n$ zu einer gegebenen Zahl n teilerfremd sind. Diese Funktion besitzt zwei Eigenschaften, die im folgenden Verlauf

---

[48][11] vgl. Walczak (2003), S. 32
[49]Leonard Euler, 1707-1783, Schweizer Mathematiker

nützlich sind und daher hier erwähnt werden sollen[50]:

1. Die φ-Funktion ist multiplikativ: Für zwei teilerfremde Zahlen „a" und „b" gilt:

$$\varphi(ab) = \varphi(a) \cdot \varphi(b)$$

2. Für p $\in \mathbb{P}$ gilt:

$$\varphi(p) = p - 1$$

4.1.6 Modulares Potenzieren

Die asymmetrischen Algorithmen basieren auf der Potenzierung modulo m. Die Exponenten sind dabei sehr groß, häufig 512-Bit und mehr, was unmittelbar die Geschwindigkeit dieser Algorithmen beeinflusst. Der Exponent bestimmt die Anzahl der notwendigen modularen Multiplikationen und der Modul m bestimmt die Größe der Zwischenergebnisse[51].

Folgendes Beispiel veranschaulicht, wie sich die großen Exponenten systematisch halbieren lassen, wobei die Zwischenergebnisse bei gegebenem Modul m stets reduziert werden[52]:

1. $7^{13} \mod 5 = (7 \mod 5)^{13} \mod 5 = 2^{13} \mod 5 =$

2. $2 * (2^2)^6 \mod 5 = 2 * (4 \mod 5)^6 \mod 5 = 2 * (4)^6 \mod 5 =$

3. $2 * (4^2)^3 \mod 5 = 2 * (16 \mod 5)^3 \mod 5 = 2 * (1)^3 \mod 5 =$

4. $2 * 1 * (1^2)^1 \mod 5 = 2 * (1 \mod 5)^1 \mod 5 = 2 * (1)^1 \mod 5 = 2$

Das Ergebnis des modularen Potenzierens lautet 2.

4.1.7 Primzahlen

Eine Primzahl $\mathbb{P}$ ist eine natürliche Zahl N>1, die nur durch 1 und durch sich selbst ohne Rest teilbar ist. Die ersten zehn Primzahlen sind[53]:

$$\mathbb{P} = 2, 3, 5, 7, 11, 13, 17, 19, 23, 29$$

---

[50]weitere Details zur Phi-Funktion siehe: http://de.wikipedia.org/wiki/Eulersche-%CF%86-Funktion

[51][1] vgl. Bauer (1994), S. 127

[52][11] vgl. Walczak (2003), S. 39

[53][3] vgl. Blömer (2006), S. 41

Jede natürliche Zahl (ℕ) N > 1 ist entweder eine Primzahl oder ein Produkt von Primzahlen:

$$N = 2 \ (= \mathbb{P}!)$$

$$N = 3 \ (= \mathbb{P}!)$$

$$N = 4 = 2 * 2 \ (\text{Produkt von Primfaktoren!})$$

$$N = 273 = 3 * 7 * 13 \ (\text{Produkt von Primfaktoren!})$$

Grundlage der asymmetrischen Kryptologie ist, dass es außerordentlich schwierig ist, große natürliche Zahlen in ihre Primfaktoren zu zerlegen! Es existieren hierfür keine effizienten Algorithmen.

Im folgenden werden vier Verfahren dargestellt die veranschaulichen, wie groß der Rechenaufwand bei der Primfaktorzerlegung von großen natürlichen Zahlen sein kann[54].

1. **Trial-Division**

   Das erste Verfahren basiert auf dem Trial-Division-Algorithmus, der zugleich als ein Faktorisierungsalgorithmus eingesetzt wird. Das Verfahren funktioniert folgendermaßen: man fängt mit der Zahl 2 an und dann überprüft man systematisch alle ungerade Zahlen $\leq \sqrt{N}$, ob sie ein Teiler von N sind. Wird der erste Teiler von N gefunden, dann wird dieser als der erste Primfaktor ausgegeben. Die untersuchte Zahl ist in diesem Fall zusammengesetzt (sie ist keine Primzahl)[55].

   Werden keine Teiler (Primfaktoren) gefunden, dann ist die untersuchte Zahl N = ℙ. Bei Bedarf können die weiteren Faktoren ermittelt werden, indem N durch den ersten Faktor geteilt wird und das Ergebnis erneut auf Primfaktoren untersucht wird[56].

2. **Trial+**

   Mit „Trial+" wird versucht, den klassischen Trial-Division-Algorithmus zu beschleunigen. Die Frage hierbei ist, wie man die Anzahl der getesteten Teiler reduzieren kann.

   Die Zahlentheorie besagt, dass man als Teiler nur die Primzahlen untersuchen braucht. Diese müssen jedoch zuerst vorgespeichert werden, was mit einem signifikanten Ressourcenaufwand verbunden sein kann (man muss alle Primzahlen bis $\sqrt{N}$ speichern).

---

[54][3] vgl. Blömer (2006), S. 62
[55][5] vgl. Karbach (2004), S. 18
[56][5] vgl. Karbach (2004), S. 19

Man kann auch so verfahren, dass die Vielfachen von schon einmal getesteten Teilern im Laufe des Tests nicht erneut als Teiler überprüft werden. Will
man diese Methode für alle getesteten Teiler anwenden, dann kann der Ressourcenaufwand wieder groß sein: man muss sich alle bisher getesteten Teiler
merken[57].

3. **Fermat-Faktoren**

   Das dritte Verfahren, der sogenannter Fermat-Faktor, ist ein Faktorisierungsalgorithmus nach Fermat[58]. Es werden zwei natürliche Zahlen X und Y zu
   gesucht, so dass gilt[59]:

$$N = X^2 - Y^2 = (X - Y)(X + Y)$$

wobei (X-Y) und (X+Y) die Faktoren von N sind. Der Algorithmus durchläuft
folgende Schritte:

- **Schritt 1**:
  Man berechnet $X = \sqrt{N}$, wobei X der ganze Teil von $\sqrt{N}$ ist. Falls
  $N = X^2$, dann ist X ein Faktor von N (N ist $\neq \mathbb{P}$) und *STOP*. Sonst gehe
  zu Schritt 2.

- **Schritt 2**:
  Man erhöht X um 1. Falls $X = (N + 1)/2$, dann ist N = $\mathbb{P}$ und *STOP*.
  Sonst gehe zu Schritt 3.

- **Schritt 3**:
  Man berechnet $Y = \sqrt{(X^2 - N)}$. Falls Y eine natürliche Zahl ist (d.h.
  $Y^2 = X^2 - N$), dann sind (X-Y) und (X+Y) die Faktoren von N (N ist
  $\neq \mathbb{P}$) und *STOP*. Sonst gehe zurück zu Schritt 2.

Das Verfahren ist effizient, wenn der Faktor von N nicht viel größer als N
ist, z.B. wenn N aus zwei Primzahlen ähnlicher Größe zusammengesetzt ist.
Ansonsten ist die Menge aller theoretisch notwendigen Tests deutlich größer
als bei dem einfachen Trial-Division-Algorithmus:

$$\text{AnzahlTests}_{Fermat} = [\sqrt{N}, (n + 1)/2] \text{ (vgl. Schritt 2)}$$

$$\text{AnzahlTests}_{Trial} = [2, \sqrt{N}] \text{ (und nur ungeraden Zahlen!)}$$

---

[57][5] vgl. Karbach (2004), S. 22
[58]Pierre de Fermat, 1601-1665, französischer Mathematiker
[59][11] vgl. Walczak (2003), S. 37

4. Fermat-Satz

Das vierte Verfahren, der Fermat-Satz, basiert auf dem Kleinen Satz von Fermat[60]:

$$a^{N-1} = 1 \mod N$$

oder anders ausgedrückt:

$$a^{N-1} \mod N = 1$$

a - beliebige natürliche Zahl

N - getestete Zahl

Der Kleine Satz von Fermat findet keine Primfaktoren und deswegen ist diese Methode nicht als ein Faktorisierungsalgorithmus geeignet. Durch den Test lässt sich jedoch schnell aussagen, ob die gegebene Zahl N = $\mathbb{P}$ oder zusammengesetzt ist. Ergibt a^{N-1} beim Teilen durch N den Rest 1, dann lässt sich mit großer Wahrscheinlichkeit beurteilen, dass die Zahl N = $\mathbb{P}$ ist[61].

Die Einschränkung „mit großer Wahrscheinlichkeit" ist erforderlich, da bestimmte Zahlen existieren, bei denen dieser Test zu falschen Ergebnissen führen kann (sog. Carmichael-Zahlen[62]). Für eine gegebene Basis „a" kann der Kleine Satz von Fermat irreführend die 1 ergeben, obwohl die getestete Zahl N zusammengesetzt ist (dann wird N als eine Carmichael-Zahl bezeichnet)[63].

Ergibt sich dagegen der Rest ungleich 1, dann kann man mit Sicherheit aussagen, dass die getestete Zahl N zusammengesetzt ($\neq \mathbb{P}$) ist. Die Zuverlässigkeit dieser Methode kann erhöht werden, indem die gegebene Zahl N bei verschiedenen Basen „a" untersucht wird. Wird bei der gegebenen Carmichael-Zahl N eine andere Basis „a" unterstellt, dann kann der Test wieder zum richtigen Ergebnis führen, d. h. es kann bewiesen werden, dass die Zahl N zusammengesetzt ist.

Der Kleine Satz von Fermat führt zum Beispiel für die Basis $a = 2$ und die Carmichael-Zahlen $N = 341, 561, 645, \dots$ zum täuschenden Ergebnis 2^{N-1} mod $N = 1$, obwohl diese Zahlen zusammengesetzt sind.

Wird für dieselben Zahlen die Basis a=3 unterstellt, dann werden N als zusammengesetzte Zahlen aufgedeckt (3^{N-1} mod $N \neq 1$). Für die Carmichael-Zahl N = 1105 werden sowohl für die Basis a = 2 als auch für die Basis a = 3

---

[60][11] vgl. Walczak (2003), S. 41

[61][3] vgl. Blömer (2006), S. 76

[62]Robert Daniel Carmichael (1879), US-amerikanischer Mathematiker

[63][5] vgl. Karbach (2004), S. 51

täuschende Ergebnisse geliefert (der Rest gleich 1). Für die Basis a=5 ist das Ergebnis wieder richtig[64].

4.2 Das RSA Verfahren

4.2.1 Historisches

Der RSA-Algorithmus wurde 1977 in Zusammenarbeit von Ronald Rivest, Adi Shamir und Leonard Adleman am MIT[65] erfunden[66]. Der RSA-Algorithmus ermöglicht eine vertrauliche Kommunikation ohne Schlüsselvereinbarung. Der RSA-Schlüssel besteht aus zwei Teilen: aus dem öffentlichen und aus dem privaten Schlüssel.

Der öffentliche Schlüssel ist uneingeschränkt der Öffentlichkeit zugänglich. Der private Schlüssel dagegen ist nur dem Empfänger einer Datei bekannt (geheim).

Der Sender verschlüsselt die Datei mit dem öffentlichen Schlüssel des Empfängers. Dieser Vorgang ist nicht umkehrbar, d. h. die Entschlüsselung dieser Datei mit dem öffentlichen Schlüssel ist nicht mehr möglich. Der Empfänger kann die verschlüsselte Datei nur mit seinem privaten Schlüssel entschlüsseln[67].

Im folgenden wird dargestellt wie die Schlüsselerzeugung, sowie die Ver- und Entschlüsselung auf Basis der vorgestellten mathematischen Grundlagen stattfindet[68].

4.2.2 Der Algorithmus

Schlüsselerzeugung

Nachdem in den vorangegangene Kapitel die mathematischen Grundlagen der asymmetrischen Verschlüsselung erläutert wurden soll nun das Vorgehen zur Erzeugung eines geeigneten Schlüssels für asymmetrische RSA Verschlüsselung (als Beispiel für die symmetrische Verschlüsselung) dargestellt werden[69]:

---

[64] [3] vgl. Blömer (2006), S. 78
[65] Massachusetts Institute of Technology, Technische Hochschule Massachusetts
[66] Die eigentliche Entdeckung fand im Geheimen und zwar beim britischen Government Communications Headquarter (GCHQ) in Cheltenham durch Clifford Cocks im Jahre 1973 statt. Da es sich aber um eine Geheimdienststelle handelt, konnte keiner der Beteiligten seine Entdeckung veröffentlichen.
[67] [9] vgl. Hansen/Neumann (2005), S. 294
[68] [5] vgl. Karbach (2004), S. 54
[69] [10] vgl. Stahlknecht/Hasenkamp (2005), S. 492

1. man berechnet:

   n = p * q

   p, q - große Primzahlen (siehe Kapitel 4.1.7 Primzahlen)

2. man berechnet:

   $\varphi(n) = (p-1)*(q-1)$ $\varphi(n)$ - Satz von Euler: die Anzahl der zu n teilerfremden natürlichen Zahlen, die $\leq$ n sind

   (siehe Kapitel 4.1.5 eulersche φ-Funktion)

3. eine natürliche Zahl e wird gewählt, so dass:

   $1 < e < \varphi(n)$ und $ggT(e, \varphi(n)) = 1$

   z.B.: die vierte Fermat-Zahl $F4 = 2^{2^4} + 1 = 2^{16} + 1 = 65537$ diese ist leicht zu potenzieren (binäre Darstellung: 10000000000000001)

   (siehe Kapitel 4.1.7 Kleinen Satz von Fermat)

4. man berechnet:

   $d = e - 1 \mod \varphi(n)$ oder anders: $de = 1 \mod \phi(n)$

   „d" ist die Inverse

   (siehe Kapitel 4.1.3 Modulare Inverse)

- Der öffentliche Schlüssel besteht aus den Zahlen „e" und „n"

- Der private Schlüssel besteht aus den Zahlen „d" und „n"

- p, q, $\varphi(n)$ sind keine Bestandteile des Schlüssels, aber geheim!

Verschlüsselung

Der Klartext in Form einer Zahlenkette wird in Blöcke m geteilt (m<n). Jeder von diesen Blöcken wird folgendermaßen verschlüsselt[70]:

$$c = m^e \mod n$$

Hierbei ist „c" der eigentliche Chiffretext, „m" der Klartext, wobei gilt $0 <= m <$ und „e", „n" sind der öffentlicher Schlüssel.

Entschlüsselung

Der Chinesische Restsatz lässt die RSA-Entschlüsselung bei großen Werten von d beschleunigen. Die Potenzierung $m = cd \mod n$ wird in zwei kleinere Berechnungen

---

[70][5] vgl. Karbach (2004), S. 57

zersplittert[71]:

Chiffre C wird in Cp un Cq gesplittert:

$$Cp = C \mod P$$

$$Cq = C \mod Q$$

Exponent „D" wird in „Dp" und „Dq" gesplittert (Kleiner Satz von Fermat):

$$Dp = D \mod (P - 1)$$

$$Dq = D \mod (Q - 1)$$

Man berechnet „Mp" und „Mq":

$$Mp = Cp^{Dp} \mod P$$

$$Mq = Cq^{Dq} \mod Q$$

Mit Hilfe des Chinesischen Restsatzes wird der Klartext M aus 'Mp' und 'Mq' zusammengesetzt. Es werden folgende Kongruenzen gelöst (vgl. 4.1.4.Chinesischer Restsatz)[72]:

$$M = Mp \mod P$$

$$M = Mq \mod Q$$

Inversen 'yp' und 'yq' werden ermittelt:

$$yq * Q = 1 \mod P$$

$$yp * P = 1 \mod Q$$

Klartext M wird zusammengesetzt:

$$M = (Mp * yq * Q + Mq * yp * P) \mod N$$

---

[71][3] vgl. Blömer (2006), S. 96
[72][3] vgl. Blömer (2006), S. 98

4.3 Schwachstellen asymmerische Verschlüsselung

Bis heute gelten symmetrische Verschlüsselungen mit einem ausreichend großen Schlüssel als sicher, jedoch ist es nur eine Frage der Zeit bis auch hierfür genug „Rechen"-Leistung zur Verfügung steht um dieses Verfahren zu kompromitieren. Wie bereits angedeutet, ist das RSA Verfahren nur solange sicher, solange man keinen effizient Algorithmus zur Primfaktorzerlegung besitzt. Laut Schorn[73] hat der derzeit (2001) effektivste Algorithmus zur Faktoriesierung großer Zahlen N eine

$$\text{Laufzeit von: } \alpha \exp\left[c[\log(N)^{\frac{1}{3}}(\log[\log(N)]^{\frac{2}{3}}) \right]$$

wobei c eine Konstante ist[74]

Eine derart abstrakte Formel sagt recht wenig über den zu betreibenden Aufwand aus, daher hier ein kleines Zahlenbeispiel: Mit zwei mindestens hundertstelligen Primzahlen p und q braucht Eve mit einem Rechner des Jahres 2000 etwa 74 Jahre, um den Code zu knacken. Da sich jedoch statistisch jedes Jahr die Rechenleistung verdoppelt kann man abschätzen, ab wann ein solcher Algorithmus mit „normalen" PCs in realistischer Zeit entschlüsselt werden kann[75].

Eine weitere Schwachstelle ergibt sich aus dem Verteilungsproblem mit dem „Mittelsmann Angriff" („Man In The Middle"). Hierbei stellt sich Eva als Mittelsmann zwischen die Kommunikation zweier Personen: Sie täuscht ihren eigenen Public Key als den des eigentlichen Empfängers vor, entschlüsselt anschließend mit ihrem eigenen Private Key und verschlüsselt die Nachricht schließlich mit dem eigentlichen Public Key des eigentlichen Empfängers und schickt sie weiter. Die Kommunikationspartner merken womöglich davon gar nichts. Aber ihre Nachricht wurde gelesen. Um das zu verhindern, muss gewährleistet sein, dass der erhaltene Public Key auch wirklich authentisch, also dem gewünschten Empfänger zugehörig ist. Dazu dienen Zertifikationsstellen, an denen die Public Keys hinterlegt werden und über die man deren Authenzität prüfen kann[76].

---

[73]Bernadette, Schorn (2001)
[74][12] vgl. Wobst (1998), S. 65
[75][12] vgl. Wobst (1998), S. 78
[76][12] vgl. Wobst (1998), S. 91

5 Zusammenfassung

Sowohl die symmetrischen, wie auch die asymmetrischen Verschlüssungstechniken bieten unterschiedlich Vor- und Nachteile.

Vorteile von symmetrischen Algorithmen sind die hohe Geschwindigkeit, mit denen Daten ver- und entschlüsselt werden. Symmetrische Verschlüsselungsverfahren sind leicht zu implementieren. Sie basieren auf der wiederholten Anwendung einfacher Methoden wie Substitution und Transposition.

Weiterhin sind die Schlüssellängen deutlich kleiner, als bei asymmetrischen Verfahren. Schon mit kleinen Schlüssellängen kann eine hohe Sicherheit erreicht werden. Ein Nachteil ist das Schlüsselmanagement. Um miteinander vertraulich kommunizieren zu können, müssen Sender und Empfänger vor Beginn der eigentlichen Kommunikation über einen sicheren Kanal einen Schlüssel ausgetauscht haben. Spontane Kommunikation zwischen Personen, die sich vorher noch nie begegnet sind, scheint so nahezu unmöglich.

Bei asymmetrischen Verschlüsselungen ist das Übertragen von geheimen Schlüsseln zwischen Absender und Empfänger über einen sicheren Kanal ist nicht mehr notwendig. Für jede Kommunikation sind nur noch öffentliche Schlüssel erforderlich. Ein Nachteil der asymmetrischen Verfahren ist allerdings die Tatsache, dass ihre Anwendung deutlich langsamer als bei symmetrischen Verfahren ist.

Es ist notwendig, relativ lange Schlüssel zu verwenden, da bei kurzen Schlüsseln eine Rückrechnung der unvollkommenen Einwegfunktion durch einfaches „Durchprobieren" gerade mit leistungsstarken Rechnersystemen nicht ausgeschlossen werden kann. Durch die langen Schlüssel erhöht sich teilweise die Datenmenge enorm. Schlüsselverwaltung bringt Komplikationen: öffentliche Schlüssel müssen authentisch sein. Die Sicherheit beruht „nur" auf der vermuteten, aber von der Fachwelt anerkannten, algorithmischen Schwierigkeit eines mathematischen Problems, der Komplexität der Primfaktorzerlegung.

Literaturverzeichnis

[1] Friedrich L. Bauer. *Kryptologie: Methoden und Maximen*. 2 edition, 1994.

[2] Albrecht Beutelspacher. *Kryptologie*. 4 edition, 1994.

[3] Johannes Blömer. *Kleine Einfürung in Kryptographie*. 1 edition, 2006.

[4] Justus Gerhardt. *Kryptographie II - mechanische und elektrische Verschlüsselungen*. 1 edition, 2003.

[5] Peter Karbach. *Klassische Kryptographie*. 3 edition, 2004.

[6] Elke Michael Niedermair. *LaTeX- Das Praxisbuch*. 3 edition, 2006.

[7] Roger Schumacher. *Geschichte der Kryptographie*. 1 edition, 2007.

[8] Wikimedia Foundation Inc (Autor unbekannt). Rsa-kryptosystem. http://de.wikipedia.org/wiki/RSA-Kryptosystem, 2008.

[9] Hans Robert Hansen und Gustav Neumann. *Wirtschaftsinformatik 1 Grundlagen und Anwendungen*. 9 edition, 2005.

[10] Peter Stahlknecht und Ulrich Hasenkamp. *Wirtschaftsinformatik*. 11 edition, 2005.

[11] Sebastian Walczak. *Demo-Anwendungen für kryptographische Verfahren*. 1 edition, 2003.

[12] Reinhard Wobst. *Abenteuer Kryptologie: Methoden, Risiken und Nutzen der Datenverschlüsselung*. 2 edition, 1998.

Glossar

Algorithmus

Algorithmen wurden zuerst von Euklid (ca. 365-300 v. Chr.) angewandt. Ein Algorithmus ist eine Verfahrens- oder Verarbeitungsvorschrift mit einer Reihe von mathematischen (logischen) Regeln, die für die Verschlüsselung und Entschlüsselung verwendet werden

asymmetrische Verschlüsselung

Die asymmetrische Verschlüsselung ist ein Verfahren mit unterschiedlichen Schlüsseln für die Ver- und Entschlüsselung. Der Schlüssel für die Verschlüsselung wird dabei veröffentlicht. Derart verschlüsselte Nachrichten können nur vom Besitzer des zugehörigen geheimen Schlüssels entschlüsselt werden. Das Verfahren wird häufig Public-Key-Verfahren genannt

Cäsar-Chiffrierung

Cäsars Geheimschrift bestand einfach darin, dass er das Alphabet des Geheimtextes gegenüber dem des Klartextes um drei Buchstaben nach links verschob und die ersten drei Buchstaben in die freien Plätze rechts schrieb. Natürlich gibt es fünfundzwanzig mögliche Verschiebungen.

Enigma

Die Enigma war eine deutsche elektro-mechanische Verschlüsselungsmaschine, die im Zweiten Weltkrieg im Funkverkehr des deutschen Militärs verwendet wurde. Sie wurde zum Verschlüsseln des deutschen Nachrichtenverkehrs (insbesondere der deutschen U-Boote) verwendet. Die Enigma bestand aus einer Schreibmaschinentastatur und mehreren Walzen. Diese Walzen hatten elektrische Kontakte. Wurde eine Taste gedrückt, so floss Strom von der Taste durch die Walzen bis zu einer Anzeige, wo ein Buchstabe aufleuchtete. Die angezeigten Buchstaben bildeten den ver- bzw. entschlüsselten Text. Da sich bei jedem Tastendruck die Walzen weiterdrehten, wurde der gleiche Buchstabe immer wieder anders verschlüsselt

Hashfunktion

Die Hashfunktion ist eine Abbildung, die Prüfsummen über Datenströme so bildet, dass alle möglichen Funktionswerte in etwa gleich oft auftreten. Die Prüfsumme heißt auch Hashsumme oder Hashwert . Der Hashwert kann zum Auffinden von Daten in einer Datenbank oder zum digitalen Signieren eines Dokumentes verwendet werden. Hashfunktionen spielen bei Suchalgorithmen eine große Rolle; spezielle Hashfunktionen sind die in der Kryptografie genutzten Einweg-Hashfunktionen

Kryptoanalyse

Kryptoanalyse ist die Kunst, eine chiffrierte Nachricht ohne Kenntnis des geheimen Schlüssels zu entziffern. Die Kryptoanalyse stützt sich auf statistische und algebraische Verfahren, die die Tatsache ausnutzen, dass natürliche Sprache innere Strukturen besitzt, die auch durch Verschlüsselung nur schwer zu verbergen sind

Kryptographie

Kryptographie ist die Wissenschaft der Verschlüsselung und Entschlüsselung von Informationen (von griechisch 'kryptos' = 'versteckt' und 'graphia' = 'schreiben'). Kryptographie ohne Kenntnis der Kryptoanalyse ist nicht sinnvoll

Kryptologie

Kryptologie ist der Oberbegriff der Wissenschaften der Kryptographie und der Kryptoanalyse

One Time Pad

Dieses Verfahren gilt nachweisbar als einzig sicheres Verfahren. Der Nachteil daran ist, dass der Schlüssel so lang wie die Nachreicht selbst sein muss und dieser Schlüssel, wie der Name des Verfahrens schon sagt, nur einmal verwendet werden darf

Polyalphabetische Chiffre

Im Gegensatz zu den monoalphabetischen werden bei den polyalphabetischen Chiffren gleiche Zeichen im Klartext zu verschiedenen Zeichen im Geheimtext konvertiert. Dies kann durch Anwendung verschiedener monoalphabetischer Verfahren auf unterschiedliche Zeilen des Klartextes erfolgen. Beispiele für polyalphabetische Chiffren sind die Enigma und die Vigenère-Chiffrierung

RSA

RSA ist der bekannteste und am meisten eingesetzte Algorithmus der asymmetrischen Verschlüsselungsverfahren. Es ist nach seinen Erfindern Ronald L. Rivest, Adi Shamir and Leonard M. Adleman benannt. Das Verfahren wurde 1977 entwickelt und basiert auf der Idee, dass die Faktorisierung einer Zahl eine sehr aufwändige Angelegenheit ist, während das Erzeugen der Zahl durch Multiplikation zweier Primzahlen trivial ist

Symmetrische Verschlüsselung

Die symmetrischen Verfahren zählen zu den klassischen Verfahren der Kryptographie. Hierbei wird derselbe Schlüssel zum Ver- und Entschlüsseln verwendet. Darin liegt auch der Nachteil dieser Verfahren. Kennt ein Angreifer den Schlüssel, kann er Nachrichten entschlüsseln und eigene falsche Nachrichten verschlüsseln, ohne dass dies erkannt wird.

Verschiebe-Chiffre

Diese Art der Verschlüsselung zählt zu den monoalphabetischen Verfahren und ist die einfachste und älteste Art der Chiffrierung. Das bekannteste Beispiel hierzu ist die Caesar-Chiffrierung

Verschlüsselung

Verschlüsselung ist ein Verfahren zum Schutz von Daten vor unbefugter Einsichtnahme oder Manipulation. Ihr Zweck ist der Ausschluss Dritter aus dem Kommunikationsprozess

Vigenère-Chiffre

Blaise de Vigenère (1523 1596), französischer Diplomat, entwickelte die nach ihm benannte Vigenère-Chiffrierung. Sie ist die einfachste polyalphabetische Verschlüsselung. Prinzipiell ist die Vigenère-Verschlüsselung eine Aneinanderreihung von monoalphabetischen Verfahren